머 리 말

미술은 최고의 행복에서 슬픔까지, 승리에서 패배까지의 폭넓은 감정을 기록합니다. 이는 언어를 사용하지 않고도 내적인 경험을 다른 사람에게 명확히 전달하게 되지요.

또 치료라는 말은 '주의를 기울이다' 라는 그리스어의 'therapia' 에서 유래하였다고 합니다.

그렇다면 종이조형미술치료는 무엇일까요.

종이조형미술치료는 미술치료 기법에 종이조형(구기기, 찢기, 만들기, 두드리기, 날리기 등)을 접목시킨 것으로, 그림과 종이조형을 함께 작업해 아이들이 감정에 관한 마음을 열도록 돕고, 올바르게 자랄 수 있도록 용기와 자신감을 도와주고자 하는 것입니다.

부모님의 이해를 높이고자 『새콤달콤미술치료 2』에는 학습장애나 발달장애 유아·어린이의 작품을 수록했습니다.

특히 1편과 달리 2편에는 시작그림에 종이조형과 부직포를 함께 넣어 입체감과 현실감을 높였으며, 이는 유아 및 어린이들이 창의력과 순수한 마음을 잘 표현할 수 있도록 도와줍니다.

시작그림의 내용은 느낌, 생각, 상상같은 자신의 내면적 경험에 초점을 맞췄으며 외부 세계에 대한 것보다는 우선적으로 개인의 내면에서 나오는 이미지를 표현하고 발달시키고자 하는 것입니다.

시작 그림이 있는 종이조형미술치료 검사지는 자신의 마음 다스리기, 생각나누기, 이야기하기, 불평불만, 희망, 상상 등을 더욱 자유롭게 표현할 수 있습니다.

1편에선 시작 그림이 있어 답답해하던 친구도 있었지만 조금 불편한 발달장애 아이들에게는 매우 큰 효과를 얻을 수 있었습니다.

시작 그림에 그리기도 하고, 색칠도 하고, 종이를 찢고, 붙이고, 구기고, 밟고, 오리기도(조형놀이)하여 더욱 신나고 재미있는 종이조형미술 시간을 만들어 주었습니다.

2편에선 유아 및 어린이, 부적응 학생과 도움반 아이들에게 시작 그림을 배경으로 두 가지 질문을 했습니다. 이들은 두 가지 질문을 듣고 그림을 그린 뒤 자신의 마음속의 표현 그림을 설명하게 했습니다.

그리고 각양 각색의 그림 가운데 특징적인 그림만을 골라서 네 개의 그림으로 분류한 뒤 아이들의 그림에 대한 분석을 수록했습니다.

또 부모님들의 이해를 돕기 위해 미술치료기법과 색채 심리분석의 효과, 인물화의 상징과 해석, 가족화의 상징과 해석 등에 대한 미술치료 분석을 설명했습니다.

우리 아이들에게 창의적인 환경을 만들어주고, 아이의 타고난 재능을 개발하고 향상시켜 주는데는 바로 우리 어른들의 몫입니다.

이 책이 나오기까지 협조해주신 각 학교 및 유치원 선생님들께 감사의 마음을 전합니다.

2008년 5월 1일 늦은 밤, 종이조형특수미술연구소에서...   저자 이 상 은

차례

친구야! 곰돌아! ……………… 6
개나리 꽃이 예쁘게 피었네 …… 8
뚜껑이 열려있는 솥단지에요. … 10
하늘위의 모자 ………………… 2
꽃게의 모습 이네요. …………… 14
누구의 발자국 인가? …………… 6
시냇물 인가? 강물 인가? ……… 18
난 큰 병 갖고 싶어요. ………… 20
귀여운 펭귄이 걱정이다. ……… 22
멍멍! 꿀꿀! …………………… 24

시원해 보인다. ………………… 26
즐거운 구름 나라 ……………… 28
숲속에 갈래요. ………………… 30
우주선 타고 싶니? ……………… 32
프라이팬에 있는 것 먹고 싶다. … 34
어느 나무가 좋은가요. ………… 36
새싹인가? 풀밭인가? …………… 38
누구 가방일까요? ……………… 40
항아리가 깨졌어요. …………… 42
어디로 가는 자동인가요. ……… 44

멋지게 바꾸어 줄게요. ………… 46
새집에 새가 없어요. …………… 48
예쁜 화분이 있네요. …………… 50
혼자서 앉아 있는 새가 있어요. … 52
커다란 소파에 앉고 싶다. ……… 54
주사는 아파요. ………………… 56
큰 그물인가요. ………………… 58
제과점에는 어떤 빵이 있나요. … 60
꽃이 피었네요. ………………… 62
풍선타고 멀리 가 볼까요. ……… 64

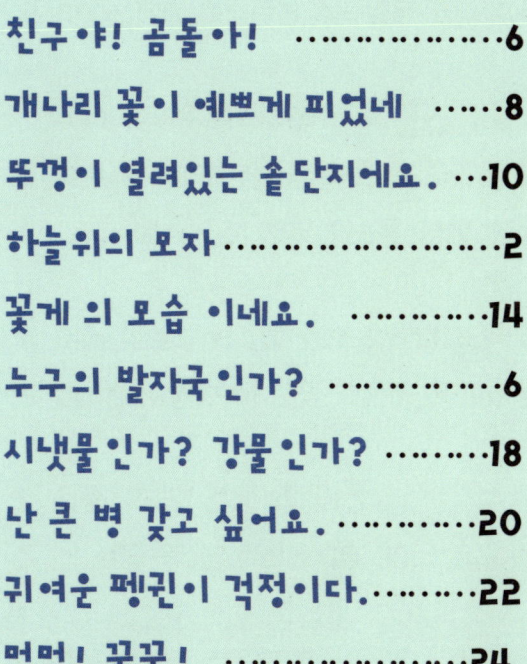

- 이 책의 특징 -

'그림과 그림자를 하나로 생각하면 미술놀이 2'는 다음과 같은 특징이 있습니다.

1. 이 책은 총 4단계로 묶여 구성되어 있습니다. 1단계는 아이들이 그림을 그릴 수 있도록 그림에 대한 정보와 아이디어를 제공하고 있습니다. 2단계는 아이들이 생각을 넓힐 수 있도록 자신이 그린 그림에 대한 그림을 감상하도록 하였습니다. 또 3단계는 다른 아이들이 그린 그림을 새로운 방법으로 감상할 수 있도록 하였고, 마지막 4단계는 미술가들로 표현되는 그림이 이해를 돕도록 구성하였습니다.

2. 이 책은 총 이곳저곳미술관 30여 점의 그림이 실려있고 미술관에 다녀온 아이들이 인상적으로 그림을 상상하면서 자신감이 붙게 만든 보기 해 줍니다.

3. 이 책에 제시되어 있는 그림들 중에 우리 아이들이 사용들이, 뛰어놀기, 자유로운 표현 등에 있는 대상에 대한 다양한 보기를 볼 수 있고, 또는 아이디어 꼬집어서 그림자에 담은 대상을 생각할 수 있습니다.

4. 그림기에 자신이 없는 참가를 위해 재미있어 있는 중이 좋아질 시간 그림을 이용한 아이들이 그림을 그리고, 이를 기초로하여 우리 아이들이 아름다운 대상이 시각을 가질 수 있도록 하였습니다.

또한 생각을 잡지하고 있는  1)를 사용하여 우리 아이들이 곳곳에 있는 정보와 아이디어에 영향을 미칠 수 있도록 이해하여 이 마음놓고 노련함을 돕습니다.

5. 마지막으로 미술가들의 표현에는 우리 아이들의 이해를 돕기 위해 몇 가지 상세한 미술가에 대해서까지 새로운 모습의 그림, 인용어린의 상상과 예술, 그것을 이 상상기 해석 등에 대한 미술가의 분석을 정리했습니다.

* 정기공중-아동미 그림 가장한 유치, 인천단 역, 그림사 (1994년)
  이용 미술 가시 이해, 김용석 역, 한국사 (2001년)
  인용을 상상기자, 조수 저, 한국아동단학학회 (2002년)
  그림을 이용하는 사람들:디지인자, 인용에, 최지선, 한동단 보기, 산다심 (2002년)
  미술기본, 최지선, 강지선 공지, 조형교육 (2000년)

 1. 친구야! 곰돌아!

 앞장 그림을 보고 아래질문들을 아이에게 물어보세요.

하나: 곰 친구는 무슨 생각을 하고 있나요?
둘: 나를 좋아하는 친구는 누구일까요?

새콤친구들, 알록달록 그림을 이야기해 봐요!

1. 귀여운 캐릭터 친구들, 맛있는 음식, 친구들, 곰친구의 의사 등이 있어요.
2. 예쁜 동생과 활짝핀 꽃, 뜨거운 태양, 곰을 사랑하는 하트 등도 보여요.
3. 행복한 집, 깊고 깊은 숲속, 깍쟁이 여자친구 등도 있어요.
4. 다양한 음식, 예쁜 꽃들, 방안에 있는 친구들, 곰 친구 옆 곰돌이 등도 웃겨요.

달콤 선생님, 알록달록 우리 그림 좋아요?

1. 캐릭터 친구들의 사진을 전시한 것 같아요. 곰을 걱정하는 모습이 보여요.
   마음이 따뜻한 어린이네요.
2. 동생을 많이 사랑하고 숲속의 공주처럼 숲을 좋아하네요. 건강한 어린이의 모습입니다.
3. 그린 그림들이 정리가 아주 잘 되어 있네요. 깔끔한 어린이, 꽃 몇송이를 더 그려주세요.
4. 그림의 선들이 조금 거칠긴 하지만 마음이 아주 착하고 행복한 어린이랍니다.

새콤달콤 미술치료 포인트!

고대의 치료

고대 시대에는 어떻게 미술을 통해 치료를 했을까요. 주술적 목적으로 동굴벽화, 미라, 가면 등
회복과 건강을 위한 시각적 상징의 이미지를 갖고 있었다고 합니다.
또 심리, 신체, 질병의 치유를 위해 춤과 모래, 만다라 형태의 모래 그림을 사용했답니다.

1

2

3

4

2. 개나리 꽃이 예쁘게 피었네

 **앞장 그림을 보고 아래질문들을 아이에게 물어보세요.**

하나: 항아리에 개나리 꽃이 아름답지요?
둘: 이 개나리를 누구에게 주고 싶어요?

 **새콤 친구들, 알록달록 그림을 이야기해 봐요!**

1. 나비, 벌, 개나리, 뱀이 개구리를 잡아먹으려고 입을 크게 벌리는 모습도 있어요.
2. 개나리와 꽃잎 모양을 바꾸어 그린 꽃, 그리고 춤추는 나비도 보여요.
3. 우리 안에 동물가족(토끼, 호랑이, 사자, 병아리)이 웃고 있어요.
4. 개나리, 화방의 꽃, 책상의 학습재료 등이 보여요.

 **달콤 선생님, 알록달록 우리 그림 좋아요?**

1. 똑똑해 보이는 벌들의 모습이 자칫 잘난척으로도 보일 수 있어요. 힘세다고 잘난척하는 뱀은 날지를 못해 슬프지요.
2. 꽃송이 만큼 작고 귀여운 나비가 겁이 많아 보이기도 하지요. 예쁜 그림이네요.
3. 동물 그림을 그렸네요. 우리 안에 갇혀있는 슬픈 동물들 앞에 예쁜 개나리가 친구하는 것 같아요. 우리 안에 있다고 꼭 힘들고 슬프지는 않아요. 자신의 모습을 만드는 것도 중요하지요.
4. 공부하는 것이 많이 힘들지만 학생이 해야 할 의무이지요. 밖에 나가서 꽃도 보고 운동도 하면 집중력이 높아집니다.

 **새콤달콤 미술치료 포인트!**

미술치료 기법 1
'진단을 위한 미술기법'에는 투사 검사가 대표적인데, 프로이드의 정신분석학을 토대로 만든 집, 나무, 사람을 그리는 HTP 투사검사기법과 집, 나무, 사람의 움직임을 그리는 KHTP 투사검사기법이 있습니다.
집은 가정 또는 가족의 관계, 나무는 내담자(자기자신)의 성장 과정, 사람은 자아상을 반영하는 것이라고 하네요.

1

2

3

4

3. 뚜껑이 열려 있는 솥단지에요.

앞장 그림을 보고 아래질문들을 아이에게 물어보세요.

하나: 이렇게 큰 솥단지 안에 무엇이 들어 있을까요?
둘: 누가 이 큰 솥단지를 여기로 가져다 놓은 것일까요?

새콤 친구들, 알록달록 그림을 이야기해 봐요!

1. 야구, 잘생긴 요리사 아저씨, 노래하는 참새, 양쪽에 큰나무, 먼 산도 보여요.
2. 솥아래 장작불, 밥알이 가득한 솥, 야구하는 친구, 똥싸는 참새, 허수아비가 있어요.
3. 안경 쓴 해님, 사과나무, 무지개집, 밥한그릇, 밥을 퍼낸 큰솥, 나비, 수저, 모자 쓴 참새 등이 보여요.
4. 공격하는 장난감 로봇, 총알로 가득한 밥솥, 이야기주머니, 장작과 불꽃이 보여요.

달콤 선생님, 알록달록 우리 그림 좋아요?

1. 마음씨가 아주 좋게 보이는 요리사 아저씨의 모습에 우리 모두 입가엔 행복의 침이 고이네요.
2. 욕심이 많은 친구인 듯 하네요. 새똥과 야구공이 떨어지고 있어요. 나혼자만 먹고 남주기를 아까워하는 친구인 듯 나누는 마음이 생기길 바래요.
3. 밥을 푸고 나니 누룽지가 보이네요. 줄어든 솥안을 보면서 '아직도 많이 남았네' 라는 여유로운 표정, 그리고 주위 친구들과 함께하는 미소가 참 보기 좋아요.
4. 만화책도 많이 읽고, 상상력도 풍부한 친구네요. 성장기 어린이에겐 창작동화나 위인전도 재미있답니다. 걱정할 만큼 공격적인 그림은 아닙니다.

새콤달콤 미술치료 포인트!

미술치료 기법 2

'진단을 위한 미술치료 기법' 중 집, 나무, 사람(HTP)은 진단도구로 많이 사용되고 있습니다. 이는 치료 전의 상태와 치료 후의 상태를 진단하는데 유용하지요. 방법으로는 흰종이 4장에 나누어 그리는 방법과 1장에 통합해 그리는 방법이 있습니다.

1

2

3

4

4. 하늘 위의 모자

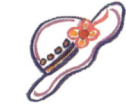 **앞장 그림을 보고 아래질문들을 아이에게 물어보세요.**

하나: 모자는 어디로 날아가는 걸까요?
둘: 어느 곳에 모자가 필요한 건가요?

새콤 친구들, 알록달록 그림을 이야기해 봐요!

1. 화난 허수아비, 웃는 허수아비, 평온한 당근밭, 당근을 실은 마차, 싱그러운 나무, 해가 있네요.
2. 커다란 모자를 쓴 귀부인, 명령한 소녀, 착한 모습의 농부, 요정이 보여요.
3. 예쁜 모자들이 모두 날아가고 있는 그림, 싱그러운 큰 나무, 풍선, 예쁜 여자 어린이.
4. 현재기온 영하3도 기상청 알림판, 추위에 떨고 있는 여자 어린이와 말주머니가 있는 남자 어린이, 잎이 없는 큰 나무 등이 보여요.

달콤 선생님, 알록달록 우리 그림 좋아요?

1. 모자가 날아갔다 생각하지 말고 모자를 누군가에게 선물로 주었다고 생각하면 허수아비의 표정이 편안할 거예요. 표현은 정확하지만 미소가 있으면 기분이 더 좋겠지요.
2. 손을 내미는 것과 손가락으로 지시하는 것은 왠지 상대방을 기분 상하게 할 수가 있어요. 어쩌면 그 손짓은 요정을 부르거나 농사짓는 사람을 도와주라고 명령하는 것 같아요.
3. 모자들아, 행복한 곳으로 날아가라. 그리고 이 모자를 쓰면 '우울한 사람은 행복해질꺼야' 라고 크게 외치며 잘가라 손짓하는 아름다운 여유의 모습으로 보입니다.
4. 혹시 마음도 추운 것은 아닌지요. 주위가 너무 깨끗하고 경직되어 보이네요. 모자는 날아갔어도 손에 장갑이 그려져 있으면 여유있는 모습과 포근한 마음이 엿보일 수도 있을 텐데요.

새콤달콤 미술치료 포인트!

미술치료 기법 3

'진단을 위한 미술치료 기법' 중 나무 그리기법은 열매가 달린 나무를 한 그루 그리게 한 뒤 완성된 나무 그림을 통해 질병을 발견하는 의도의 기법입니다. 대체로 분석할 때는 나무의 줄기, 뿌리, 잎, 가지, 열매 등 전체적인 인상을 기준으로 분석하지요.

1

2

3

4

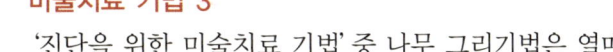

5. 꽃게의 모습이네요.

 앞장 그림을 보고 아래질문들을 아이에게 물어보세요.

하나: 이 그림을 어떻게 완성하고 싶어요?
둘: 이 그림은 어디에 어울릴까요?

 **새콤** 친구들, 알록달록 그림을 이야기해 봐요!

1. 시속 3,000km로 내려가는 배고픈 갈매기, 두려움에 떨고 있는 작은 조개가 보여요.
2. '일자리를 구합니다' 주주영어교실, 모래성, 여러 간판 등이 보여요.
3. 커다란 생선, 고기잡이배, 낚시대, 맛나보이는 꽃게, 깊은 바다의 평온함이 있어요.
4. 큰 꽃게의 사실적인 표현, 맛조개 등이 보여요.

 **달콤** 선생님, 알록달록 우리 그림 좋아요?

1. 강한 힘과 약한 모습이 적절한 조화를 이루고, 큰 꽃게의 그림 또한 보기 좋아요.
2. 계획이고 모범적인 성실한 친구로 느껴집니다. 땀 흘린 것이 진짜 내것입니다.
3. 혹시 우리 친구가 지금 몹시 배고프지는 안나요. 어제까지 아팠나요. 모든 곳에 맛나는 것의 냄새가 솔~ 솔 나네요. 많이 먹으면 체한 답니다. 나눠서 먹으세요.
4. 과학, 수학을 좋아하네요. 세밀한 그림의 모습이 침착하고 정교하네요. 훌륭한 수사관이 되면 멋지겠어요.

 **새콤달콤** 미술치료 포인트!

미술치료 기법 4

'진단을 위한 미술치료 기법' 중 가족화(DAF)와 동적 가족화(KED)는 가족을 그리게 하여 가족의 서열, 분위기, 또는 가족의 지각을 파악하는데 쓰입니다. 동적 가족화는 가족의 역동성을 파악하기에 아주 적합한 방법이며 가족간의 관계, 상호작용이 원만한 지를 파악하는데 적합하지요.

1

2

3

4

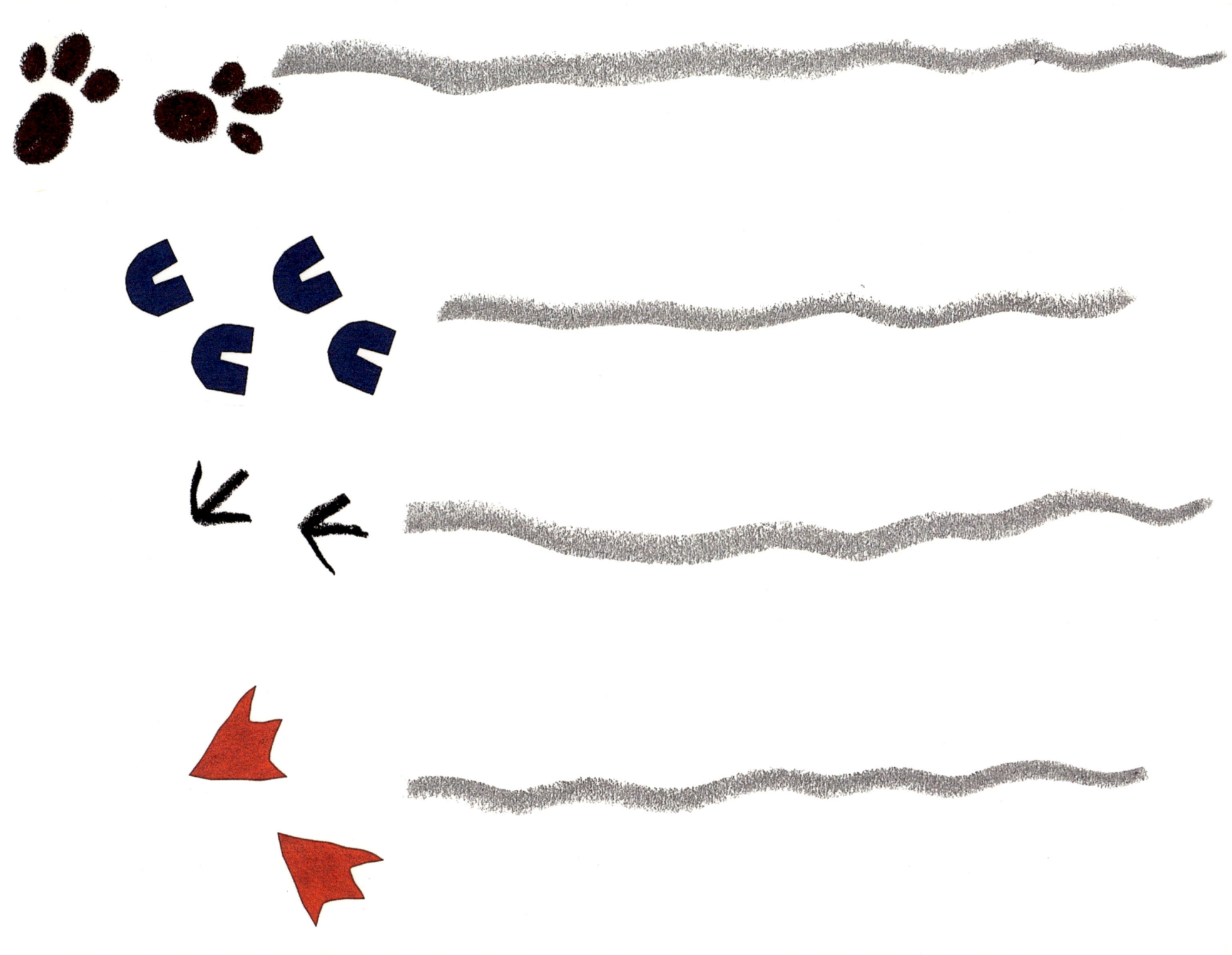

6. 누구의 발자국인가?

앞장 그림을 보고 아래질문들을 아이에게 물어보세요.

하나: 어떤 모양으로 보이나요?
둘: 그림을 보면 어떤 생각이 날까요?

새콤 친구들, 알록달록 그림을 이야기해 봐요!

1. 깡쥐 몽몽, 돼지 꿀꿀, 새는 짹, 오리 꽥꽥, 만화 같은 그림이 보여요.
2. 곰, 하마, 새, 오리와 숲속의 곤충, 사슴벌레가 있어요.
3. 울고 있는 곰, 말, 공작새, 물새의 예쁜 그림들이 보여요.
4. 털보네 이름표, 여러 모양의 새싹, 맛나는 열매 등이 있어요.

달콤 선생님, 알록달록 우리 그림 좋아요?

1. 달리기대회의 알림표와 캐릭터의 모습들이 상상화로는 적합하지만 좀 더 현실적인 방법으로 바꾸어 나가는 것도 성장기 어린이에게는 필요하답니다.
2. 친구들의 발자국이 행복하고 즐거워 보입니다.
3. 울고 있는 귀여운 곰, 얌전해 보이는 오리. 우리 친구는 조용하고 꼼꼼한 성격인것 같아요. 움직임이 표현되는 그림으로 바꾸어 주면 어떨까요?
4. 변화, 창조, 발상, 도약…. 이 친구의 모습에선 많은 것이 보이네요. 큰 그릇에는 많은 것을 담을 수 있어요.

새콤달콤 미술치료 포인트!

미술치료 기법 5

'치료를 위한 미술기법' 중 꼴라쥬 기법은 잡지나 신문 등에 나와 있는 그림이나 내용 중 자신이 붙이고 싶은 것들을 붙여 내용을 만드는 기법입니다. 이는 미술에 대한 거부감을 감소시키는 한편, 표현이 쉽고 정확한 감정을 전달하는데 용이한 기법이지요.

7. 시냇물인가? 강물인가?

 앞장 그림을 보고 아래질문들을 아이에게 물어보세요.

하나: 시냇물처럼 보이나요?
둘: 그림의 물속에선 어떤 일이 생길 것 같아요?

 새콤 친구들, 알록달록 그림을 이야기해 봐요!

1. 붕붕 낚시터, 큰 그물망, 낚시대, 기쁘지 않은 얼굴표정, 여러 모습의 물고기 그림.
2. 평화롭고, 조용하고, 자유롭고, 작은 새싹들, 물고기떼의 그림이 있어요.
3. 씩씩한 가재들, 힘쎈 거북이, 벌, 먹이를 물고가는 새, 구름, 물고기 등이 있어요.
4. 건강한 토끼, 사슴, 나무를 감고 있는 뱀, 예쁜 소녀, 물고기, 양, 새의 그림 등이 보여요.

 달콤 선생님, 알록달록 우리 그림 좋아요?

1. 욕심, 책임감, 서두름, 친구의 동적인 모습이 보이네요. 한명 정도는 앉아 있어도 더 보기 좋았을 것 같았어요.
2. 하늘을 나는 새 한 마리가 만족스런 표정을 짓고 있네요. 키작은 풀밭과 귀여운 물고기떼의 평화로움이 매우 안정된 친구 모습으로 보입니다.
3. 건강해 보이는 그림입니다. 초등학교 시절 남자 친구들에게 나타나는 그림 중 하나입니다. 나비와 가재의 어울어짐, 원만한 성격이며 자상함도 보입니다.
4. 깔끔한 성격이며 조금은 자기 주장이 있거나 분명한 것을 좋아하는 친구입니다. 다음 그림에는 색칠이 있어도 예쁠 거예요.

 새콤달콤 미술치료 포인트!

미술치료 기법 6

'치료를 위한 미술기법' 중 테두리법은 도화지에 테두리를 그어서 건네주는 방법으로 도화지에 대한 부담감을 줄일 수 있지요. 테두리 안에 그림을 그림으로써 주의 산만한 아이들이나 공격적인 아이들에게는 테두리 자체가 통제의 역할을 하게 돼 스스로의 행동을 적절히 자제하는 능력을 기르게 합니다.

1

2

3

4

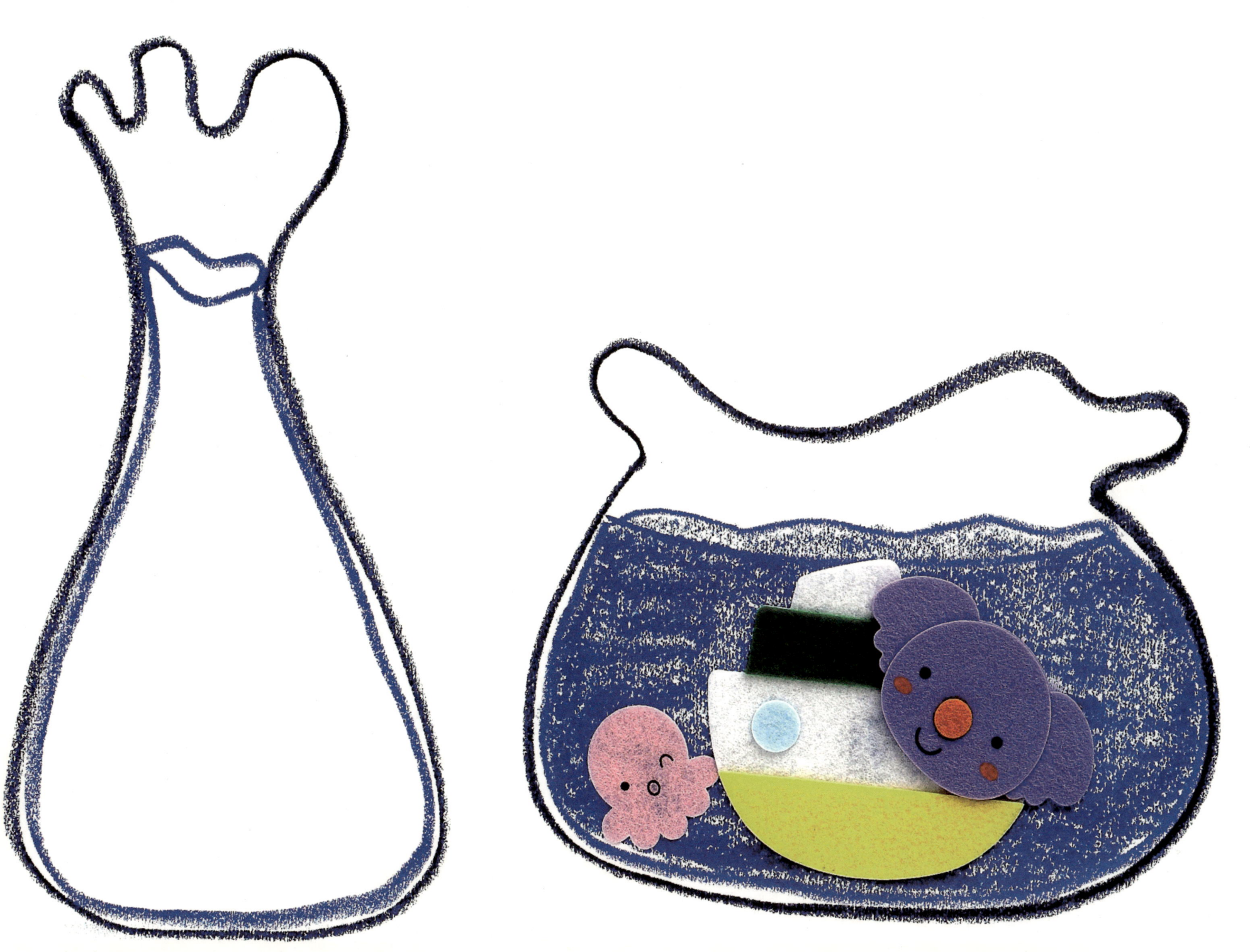

 8. 난 큰 병 갖고 싶어요.

 앞장 그림을 보고 아래질문들을 아이에게 물어보세요.

하나: 길고 날씬한 병속에서는 무엇이 들어있나요?
둘: 코끼리와 문어는 어떤 생각을 하고 있나요?

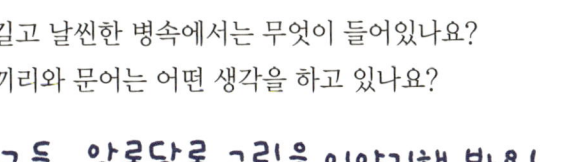 새콤 친구들, 알록달록 그림을 이야기해 봐요!

1. 작고 예쁜 물고기떼, 물풀, 조개, 불가사리 등이 보여요.
2. 집, 사자, 물고기, 물줄기, 초록색 풀, 기차, 나비, 기린 등이 있어요.
3. 큰배, 웃는 물고기, 통통한 문어, 꽃, 나비요정소녀, 작은 나비, 귀여운 상어의 그림.
4. 악어의 날카로운 이빨, 잎이 튼튼한 나무, 요술 소년, 거북이 두 마리 등이 있어요.

 달콤 선생님, 알록달록 우리 그림 좋아요?

1. 바닷속을 작은 유리병 속에 옮겨 놓은 것 같아요. 작은 병 속이지만 매우 행복하고 편안해 보입니다.
2. 정리는 안되어 있지만 그림에는 매우 상상적이면서 순수하고 포근함도 있습니다. 멀리 있는 작은 사자는 숲에서 편한 모습이지요.
3. 그림은 순수성과 상상력, 그리고 큰 포부와 너그러운 마음이 엿보이는 그림이네요.
4. 커져라 얏! 물고기가 커진 그림이에요. 이 그림에서 친구는 매우 건강하고, 매우 씩씩하고 생각도 예쁘게 자라는 친구입니다.

 새콤달콤 미술치료 포인트!

미술치료 기법 7

'치료를 위한 미술기법' 중 만다라 그리기는 원 안에 자신의 마음 상태를 색채를 이용해 그려 감정을 통합하는 작업입니다. 또 원 안에 그리기, 색칠, 종이 조형미술 등의 작업을 통해 마음 상태를 읽을 수도 있지요.

1

2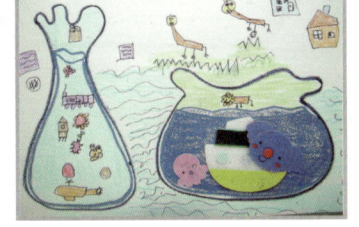

3

4

9. 귀여운 펭귄이 걱정이다.

 앞장 그림을 보고 아래질문들을 아이에게 물어보세요.

하나. 주머니 속에 펭귄이 어떻게 보이나요?
둘. 여자 친구가 가지고 있는 것은 무엇일까요?

새콤 친구들, 알록달록 그림을 이야기해 봐요!

1. 큰 나비, 작은 별들, 작은 꽃송이, 곱게 색칠한 여자 친구의 모습이 보여요.
2. 우는 펭귄 유령, 화가 난 물고기, 화가 난 꽃게, 거센 물살 등의 그림이 있어요.
3. 커다란 물방울 주머니아에 펭귄, 행복한 물고기, 웃는 해, 많은 구름, 오징어, 많은 물방울 등이 보여요.
4. 꽃우산, 날개가 달린 물고기, 길게 내리는 빗줄기, 전체를 흐리게 칠한 그림이 있어요.

달콤 선생님, 알록달록 우리 그림 좋아요?

1. 매우 만족스런 모습이네요. 펭귄이 즐거워 보입니다. 모두 내 것이라는 그림의 표현이네요. 하지만 손안에 있다고 다 내것은 아니지요.
2. 아주 슬퍼보이는 펭귄 유령들이 아기 펭귄 곁에서 맴돌고 있네요. 이 친구는 감수성이 예민하고 마음이 약한 친구네요(도움반 친구의 그림입니다).
3. 커다란 물주머니안의 펭귄들이 장난친다고 이야기 합니다. 모두가 긍정적인 생각과 즐거움 만이 있는 그림입니다(사춘기 소녀의 도움반 친구의 그림입니다).
4. 꽃우산을 활짝펴서 펭귄을 지켜준다고 말하며 그렸지요. 긴 빗줄기는 슬프다고 하네요. 날고 싶고, 물속에서 벗어나고 싶어하는 인정 많고 순수한 사춘기 도움반 친구의 그림입니다.

새콤달콤 미술치료 포인트!

미술치료 기법 8

'치료를 위한 미술기법' 중 점토 만들기는 점토의 질감과 유동성을 이용하여 감각적인 부분을 자극하는 기법입니다. 이 작업은 대상 관계가 부족한 사람의 치료에 매우 효과적이지요.

1
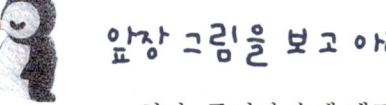

2

3

4

10. 멍멍! 꿀꿀!

 **앞장 그림을 보고 아래질문들을 아이에게 물어보세요.**

하나: 이 그림을 보면서 무엇이 생각나지요?
둘: 어떤 그림으로 완성하고 싶어요?

 **새콤 친구들, 알록달록 그림을 이야기해 봐요!**

1. 멍멍이 군대, 무기, 성벽, 칼, 돼지의 뒷모습, 벽돌, 활 등이 보여요.
2. 토끼, 코알라, 꽃, 참새, 강아지, 똥, 벼, 뱀, 쥐, 구름 등의 그림이 있어요.
3. 벌레를 가져다주는 참새, 도끼들, 강아지, 꿀돼지, 단단한 울타리 등이 있어요.
4. 구름, 빗방울, 개미집, 나무, 지렁이, 바람, 야옹이, 참새, 멍멍이 한 마리 등의 그림이 보여요.

 **달콤 선생님, 알록달록 우리 그림 좋아요?**

1. 전쟁놀이하는 그림이네요. 전체를 다 쓸 줄 알며 꼭 필요한 그림만을 그렸네요. 공간력과 집중력이 좋아 보이네요.
2. 작은 선이 자주 끊어지고, 또 자주 이어지고, 조금은 소심하거나 침착한 친구입니다. 큰 동물은 크게 그려보세요. 그림에도 용기가 필요하지요. 단란해 보입니다.
3. 그림 전체가 활동적인 어찌보면 부산하지만 용기있고, 씩씩하고, 책임감있고, 성실하고, 부지런한 그림입니다. 울타리가 꼭 있어야 하는지 생각해 봅시다.
4. 정적인 그림인 것 같기도 하고, 참으로 슬프기도 한 그림입니다. 꽃도 피고 친구도 있으면 더욱 즐거워 보일텐데. 조금 아쉽지만 오늘부터 그려봅시다. 씩씩하게!

새콤달콤 미술치료 포인트!

색채 심리분석의 효과 1

흰색은 내성적이며 폐쇄적입니다. 고집이 강해 친구가 없지요. 또 자기 주관이 강해 남에게 과시를 하고 사고력 부족과 신체 건강에 문제가 있기도 하지요. 두려움과 무기력하게 보이고 거짓말을 잘하는 어린이가 그림을 그릴 때 이 색을 집 창문에 사용하기도 합니다.

1

2

3

4

11. 시원해 보인다.

 앞장 그림을 보고 아래 질문들을 아이에게 물어보세요.

하나: 이 그림을 보면 어떤 생각이 날까요?
둘: 멋진 액자에 끼울 그림으로 그려볼까요?

 **새콤** 친구들, 알록달록 그림을 이야기해 봐요!

1. 물고기를 놓아주는 착한 고래, 무서운 상어, 낚시꾼들, 거북이 등이 보여요.
2. 오징어, 꽃게, 물고기, 조개, 해, 말주머니 등의 그림이 있어요.
3. 작은 물고기, 조개, 신, 물살, 물풀, 하트 등이 보여요.
4. 웃는 돌고래, 꽃게, 조개, 잠수함, 거북이, 산호초, 불가사리 등의 그림이 있어요.

 **달콤** 선생님, 알록달록 우리 그림 좋아요?

1. 그림의 모습이 조금 어설프지만 강한 책임감과 모범생의 모습이 엿보입니다. 욕심이 있지만 적당히 누릴 줄 아는 친구의 그림입니다.
2. 말주머니는 이야기하고 싶고 속마음이 생긴 것에 대한 대리 만족이기도 하지요. 큰 그림의 표현과 조금씩 말주머니 없는 그림이 여러 판단의 정확도를 높이지요.
3. 깨끗하게 정리정돈 좋아하는 친구의 그림이며, 사춘기 여자 친구에게 많이 나타나며, 조용하면서 짝꿍이 있는 깔끔한 사랑스런 표현입니다.
4. 바닷속의 축제날 인 것처럼 신나고 즐거우며 활기찬 그림입니다. 이 그림은 창의력과 좋은 방법을 잘 알려주고 있는 예쁜 그림입니다.

새콤달콤 미술치료 포인트!

색채 심리분석의 효과 2

검정색은 지능 지수가 높지요. 또 감정적이고 행동의 부족, 억압 속에서 불안과 공포의 압박을 느끼고 주위의 강한 간섭으로 공격적이거나 고독해지며 모든 감정을 검정으로 감추어 덮어 버리는 심리가 숨어있답니다. 가정환경이 대체로 어둡게 나타나기도 합니다. 마음달래기 작업에 도움이 되지요.

1

2

3

4

12. 즐거운 구름 나라

 **앞장 그림을 보고 아래질문들을 아이에게 물어보세요.**

하나: 그림 속 동물들이 무엇을 할까요?
둘: 그림안을 어떻게 꾸며볼까요?

 **새콤 친구들, 알록달록 그림을 이야기해 봐요!**

1. 집, 작은 사람들, 작은 구름, 키크고 날씬한 나무, 열매, 눈송이 등이 보여요.
2. 구름 속 여러 가지 과일, 작은집, 귀여운 아기 강아지 두 마리 등의 그림이 있어요.
3. 기차, 호랑이, 사자, 나비, 곰, 토끼, 평온한 풀밭, 논, 밭 등이 있어요.
4. 젖소, 꼬꼬닭, 엄마닭, 작은 풀들, 하늘색, 연두색, 노란색 등의 그림이 보여요.

 **달콤 선생님, 알록달록 우리 그림 좋아요?**

1. 양들이 내려주는 예쁜 솜 모양의 눈송이들이 들판에 모든 것 들을 행복하게 하네요. 작은 것에도 행복을 느끼는 편안한 그림입니다(7세의 그림입니다).
2. 너무나 깔끔한 그림이네요. 말하기도 싫어하지만 그림의 내용물들은 정확하고 똑똑하게 표현되어 있어요. 내면의 강함이 있는 예쁜 그림입니다.
3. 하늘 위에 살아가는 또 다른 세계를 그린 것 같아요. 두족화도 보이고 그림의 완성도는 낮아도 행복하고 매우 건강한 표현입니다.
4. 엄마 젖소를 그려 넣어 더욱 행복해 보입니다. 엄마 닭과 함께 있는 모습이 매우 안정되어 보입니다. 음악 소리가 들리는 듯 하네요. 참 예뻐요.

 **새콤달콤 미술치료 포인트!**

색채 심리분석의 효과 3

노랑색은 신경이 예민해 외부와의 접촉을 많이 하지 않으려고 하지요. 또 친구들을 골라서 사귀기도 하고 성격이 냉정하며 결단력과 의지력이 강합니다. 마음 달래기 작업에 도움이 되지요. 그림 그리기, 색칠하기, 이야기 하기, 종이조형을 통해 큰 도움이 되지요.

1

2

3

4

13. 숲속에 갈래요.

앞장 그림을 보고 아래 질문들을 아이에게 물어보세요.

하나: 그림속에 내가 어디에 있나요?
둘: 풀숲에는 무엇이 있을까요?

새콤 친구들, 알록달록 그림을 이야기해 봐요!

1. 달팽이, 여자아이, 지렁이, 벌, 번데기, 집, 애벌레, 큰나비, 높은 산 등이 보여요.
2. 집, 구름, 찜질방, 사람, 온천탕, 번데기, 물방울, 구름 등의 그림이 보여요.
3. 장수풍뎅이, 애벌레, 무당벌레, 색이 화려한 풀밭 등이 있어요.
4. 큰 사과나무, 나비, 다이아몬드 꽃, 우는 요정, 꽃, 빨간 사과들이 보여요.

달콤 선생님, 알록달록 우리 그림 좋아요?

1. 이 그림에서는 희망이 보이네요. 이겨내고 싶고 해결하려는 책임과 희망이 나타납니다. 희망은 곧 꿈을 이루게 됩니다.
2. 약간 급한 성격이지만 책을 많이 읽는 친구이기에 침착성만 배우면 부족할 것이 없다고 느껴집니다. 색칠을 끝까지 다하여 그림을 완성하는 것도 도움이 되지요.
3. 짝꿍이 미워서 그린 그림인 것 같아요. 짝꿍을 이기고 싶은 표현은 보이지 않네요. 무지개 빛 풀잎의 환한 색이 본인의 성격처럼 즐거움과 상큼함으로 나타납니다.
4. 요정의 우는 모습에 선생님도 슬퍼지네요. 내일은 모든 일이 잘 될꺼에요. 키도 크고 공부도 잘 할 수 있어요. 오늘까지만 슬퍼하기, 용기를…. '난 할 수 있다' 는 생각만 하세요.

새콤달콤 미술치료 포인트!

색채 심리분석의 효과 4

초록색은 몸이 허약하거나 무기력하며 건강한 어린이라도 이 색을 사용한다면 슬프다는 뜻입니다. 사물의 판단을 잘하며 상상력이 풍부하고 노력형 이기도 하지요. 친구들에게 자기 감정을 강하게 표현하지 않고 적응력이 뛰어납니다.

1

2

3

4

14. 우주선 타고 싶니?

 앞장 그림을 보고 아래 질문들을 아이에게 물어보세요.

하나: 우주선은 어디로 가고 있나요?
둘: 내가 이 그림에 주인공이라면 무엇을 할까요?

🍋 **새콤** 친구들, 알록달록 그림을 이야기해 봐요!

1. 초록 외계인들, 우주선, ET친구, 세계 지구본, 칼 등의 그림이 보여요.
2. 우주왕국, 자전거, ET, 케로로중사, 둘리, 뼈, 똥, 사과, 태극기, 우주 등이 있어요.
3. 우주선, 우주인, 총, 해, 선글라스, 망원경, 우주총, 별, 지구본 등이 보여요.
4. 아리랑 3호, 스타크래프트 비행, 아리랑 2호, 우주전쟁, 연합군 등이 있어요.

🍬 **달콤** 선생님, 알록달록 우리 그림 좋아요?

1. 용기도 있고, 겁도 많고, 씩씩하면서도 조심성이 있는 침착한 친구의 그림같아요.
2. 매우 순수하고 재미있는 그림입니다. 그림에 다양한 주인공들이 많네요. 다정하고 융통성이 있는 친구인가 봐요.
3. 우주인들의 생활을 보고 있는 듯 하네요. 소재가 다양하면서도 잘 정리가 되어있어요. 즐겁게 생활하는 친구같아요.
4. 아주 분주해 보입니다. 조금은 바쁘고 소심해 보이기도 하지만 본인 의사를 분명히 나타내고 있는 그림입니다. 예쁜 그림이에요.

🍎 **새콤달콤**미술치료 포인트!

색채 심리분석의 효과 5

빨강색은 친구를 오래 사귀지 못하고 생각 없이 앞장서는 경우가 있지요. 또 활동적이고 의욕적이며 적극적인 성격도 갖고 있습니다. 사선, 횡선, 방사선으로 그린다면 불만, 반항, 공격성의 모습이기도 하지요. 의식적으로 거친 행동도 많이 합니다.

1

2

3

4

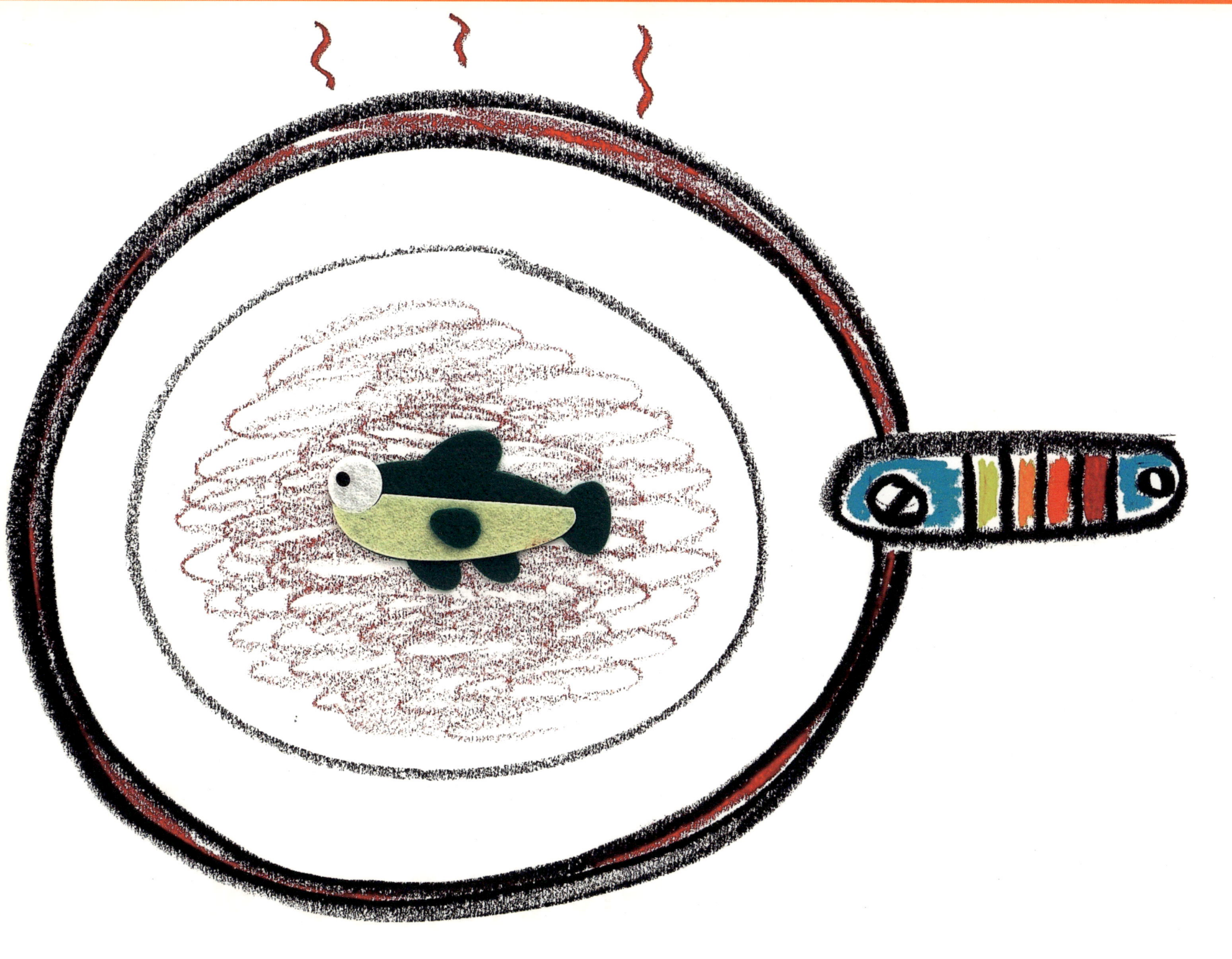

15. 프라이팬에 있는 것 먹고 싶다.

 앞장 그림을 보고 아래 질문들을 아이에게 물어보세요.

하나: 프라이팬에 또 무엇이 있으면 좋을까요?
둘: 누구와 함께 먹을까요?

 **새콤** 친구들, 알록달록 그림을 이야기해 봐요!

1. 가스레인지, 손잡이, 손, 기름, 양념장, 프라이팬 등이 있어요.
2. 커다란 생선, 꼬마, 가스레인지 불꽃, 햇살, 밥, 의자, 창문 등의 그림이 보여요.
3. 작은 생선 38마리, 보라, 빨강, 노랑, 초록, 파란색의 프라이팬 등의 그림이 있어요.
4. 프라이팬, 키큰 엄마, 군침 흘리는 여자아이, 구워지는 것이 싫은 생선 등이 보여요.

 **달콤** 선생님, 알록달록 우리 그림 좋아요?

1. 전체를 과감하게 잘 이용하는 표현, 생각이 굉장히 자유로운 면과 반대로 우유 부단한 모습도 약간 보입니다. 끝까지 주장이 확실하길 바래요.
2. 작은 것에는 만족 못하는 욕심이 조금 많은 친구인 것 같아요. 공부보다 더 중요한 것은 너그러운 마음입니다.
3. 예쁜 프라이팬 위에 이왕 굽는 것 한꺼번에 많이 요리해서 나눠 먹는다는 친구의 모습. 자기 주관이 뚜렷하며 보기 좋아요. 나눔의 기쁨이 곧 가장 큰 기쁨이지요.
4. 여자 아이의 배고픈 모습이 참으로 행복해 보입니다. 엄마의 큰 사랑에 감사하는 마음으로 자라세요. 슬퍼하는 생선을 표현하는 배려의 마음도 엿보이네요.

 **새콤달콤** 미술치료 포인트!

색채 심리분석의 효과 6

주황색은 요구가 강렬하고 극도의 애정 결핍상태를 나타내지요. 주황 또는 주홍이 파랑과 동시에 표출될 때에는 지능이 낮고 우둔한 어린이, 자기 몸의 불결감을 표출하기도 하지요. 만일 이 색을 즐겨 사용한다면 즉시 목욕을 시켜주고 의복을 갈아 입혀 주는 것이 좋겠지요.

1

2
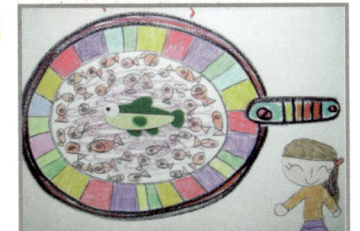

3
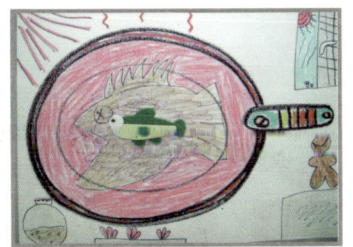

4

16. 어느 나무가 좋은가요?

 앞장 그림을 보고 아래질문들을 아이에게 물어보세요.

하나: 두 그루의 나무를 어떻게 완성해 볼까요?
둘: 나를 닮은 나무는 어느 것 일까요?

 **새콤** 친구들, 알록달록 그림을 이야기해 봐요!

1. 구름, 잠자리, 코스모스, 버섯, 그리다만 곰 얼굴, 빨간 열매 등이 보여요.
2. 구름, 떨어진 나뭇잎, 춤추는 아기곰, 다람쥐, 요정, 나비, 하늘의 천사 등이 있어요.
3. 바람부는 구름, 바람그림, 많이 떨어진 나뭇잎, 슬픈 토끼, 반쪽해님 등이 보여요.
4. 멍멍이, 여자친구, 끈에 묶인 고양이, 예쁜 큰집 등이 있어요.

 **달콤** 선생님, 알록달록 우리 그림 좋아요?

1. 전체적으로 작은 그림들이지만 공간을 잘 활용했네요. 사회성이 잘 발달된 안정된 그림입니다.
2. 하늘 나라에서 뿌려주는 나뭇잎, 요정의 뿅 방망이, 상상력이 가득차 있으며 아직도 유아기를 못 벗은 그림이긴 하지만 유쾌하고 건강한 표현입니다.
3. 바람이 거세게 부네요. 바람이 불어 나뭇잎이 다 떨어져도 봄이 되면 다시 새싹이 나고, 꽃도 핍니다. 지금 걱정이 있어도 잘 풀릴거에요. 너무 걱정 마세요.
4. 고양이를 싫어하는 여자 친구인 것 같아요. 좋은 것만 가질 수는 없지만 가지고 있는 것으로 상대방과 잘 타협하는 법을 배우면 더 좋을 텐데요.

 **새콤달콤** 미술치료 포인트!

색채 심리분석의 효과 7

분홍색은 심장이나 가슴, 기관지가 않 좋은 경우에 나타나며 부모의 화풀이가 어린이에게 충격이 되었을 때도 나타나는 색이지요. 감기나 더운 날에 몸에 체온이 올라가면 이 색을 사용하기도 합니다. 내성적이며 표현력이 부족하지만 솔직하고 순진한 면도 있지요.

1

2

3

4

17. 새싹인가? 풀밭인가?

앞장 그림을 보고 아래 질문들을 아이에게 물어보세요.

하나: 새싹이 잘 자랄 것 같아요?
둘: 우리 동네에도 이런 곳이 있나요?

새콤 친구들, 알록달록 그림을 이야기해 봐요!

1. 큰 구름, 빗줄기, 나무, 꽃, 새싹, 바람돌기, 검은기지선, 남자 아이 등이 있어요.
2. 제비꽃 풋말, 나비, 큰 나무, 깅한색의 울타리, 잔가지, 높은 산 등의 그림이 보여요.
3. 나비, 잠자리, 매미, 꽃, 작고 큰 꽃들, 큰 나무와 열매 등이 보여요.
4. 누워있는 친구 모습, 풀, 커다란 나무와 꽃, 나비, 순한 아기 양 등의 그림이 보여요,

달콤 선생님, 알록달록 우리 그림 좋아요?

1. 비바람에 모두가 날아가려 하네요. 새싹이 잘 자라도록 빗줄기를 내리게 그린 것입니다. 그림이 예쁘네요. 자상한 어른이 될 것 같아요.
2. 자기 주장이 강하고 남의 일에 신경쓰기도 하지만 욕심과 책임감이 있는 친구입니다. 아주 조금만 양보하는 자세가 있다면 최고의 사람이 될 것 같아요.
3. 사이좋은 친구들이 많을 것 같아요. 착하다는 것은 우유부단할 수도 있습니다. 마음이 부자인 친구 그림이에요.
4. 표정들이 다양하고 참으로 즐겁고 신나게 보입니다. 예술가의 모습이 보이며 엄한 집안에서 자라는 친구의 모습도 보이네요.

새콤달콤 미술치료 포인트!

색채 심리분석의 효과 8

파란색(청색)은 순종의 의미를 담고 있으며, 짙고 어두운 청색은 불만이 있으면서도 복종하는 상태를 나타내지요. 밝은 파란색은 잘 놀라며 기분이 좋을 때 사용하는 경우가 있습니다. 파란색은 공상적인 꿈을 꾸며 긴장하고 불안스러운 성격일 수도 있습니다.

1

2

3

4

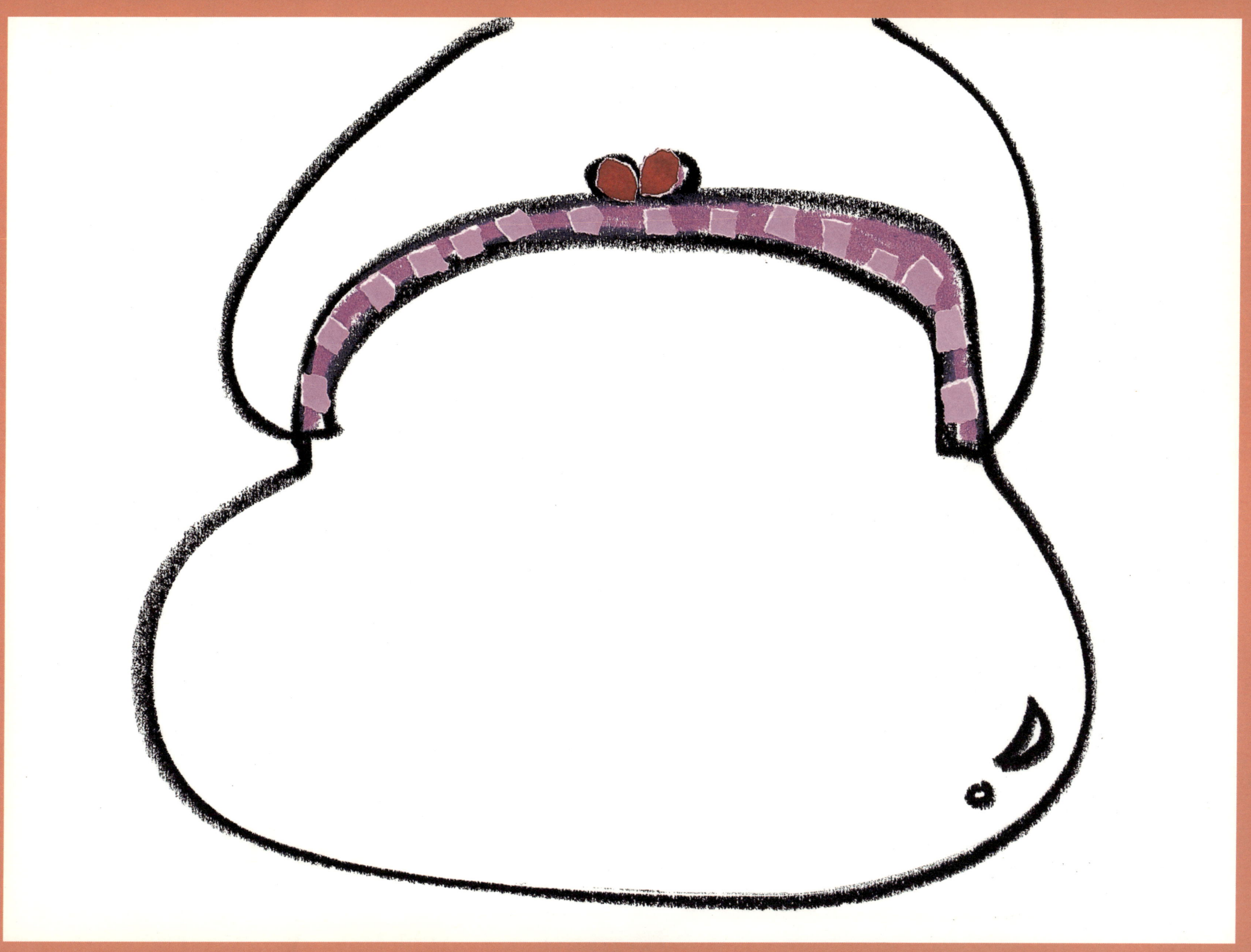

18. 누구 가방일까요?

 앞장 그림을 보고 아래질문들을 아이에게 물어보세요.

하나: 가방 속에는 무엇이 들어있나요?
둘: 가방에 갖고 싶은 것을 그려 볼까요?

 새콤 친구들, 알록달록 그림을 이야기해 봐요!

1. 큰 손, 열쇠, 핸드폰, 지폐, 동전, 수첩, 열쇠고리, 손수건 등의 그림이 보여요.
2. 9장의 지폐, 500원짜리 동전 4개, 10원, 50원, 꽃, 가방끈 등이 있어요.
3. 손, 밑주머니, 귀여운 빌레, 찌찌생쥐, 개미, 돈 등이 보여요.
4. 손, 돈, 지갑, 두가지의 색, 정확한 글씨의 동전, 색칠한 지폐 등의 그림이 있어요.

 달콤 선생님, 알록달록 우리 그림 좋아요?

1. 정리 정돈도 잘하고 경제적인 여유가 있어 보이는 친구의 그림입니다. 손으로 꼭 쥔 가방끈에서 힘이 느껴지네요. 가난 보다 부자가 좋은 것이고, 절약하면 부자가 됩니다.
2. 저축을 잘하는 학생이거나 욕심많은 학생입니다. 저축을 많이 하면 남도 도울 수 있고 자신도 여유 있게 살 수 있지요.
3. 돈이 자꾸 없어져서 속상하고 두려워하는 것을 그림에서 볼 수 있네요. 돈은 꼭 필요한 곳에 쓰는 것이고 저축에 길들여져야 합니다.
4. 필요한 곳에만 돈을 적절히 쓰는 친구의 그림입니다. 짠순이가 되는 것이 나쁜 것은 아닙니다. 절약하는 어린이가 되려면 용돈 기입장을 만들면 도움이 됩니다.

🍎 새콤달콤 미술치료 포인트!

색채 심리분석의 효과 9

보라, 붉은 보라, 남보라색은 수술, 부상의 표출이며 입원환자나 아픈 증상을 나타내는 색으로 사용합니다. 행동의 제한을 받는 경우에도 이 색을 쓰지요. 친구들과 잘 어울리지 못하지만 지능이 높고 응용력이 강해 어떤 일이든지 잘 합니다.

1
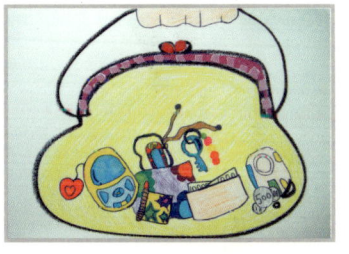

2
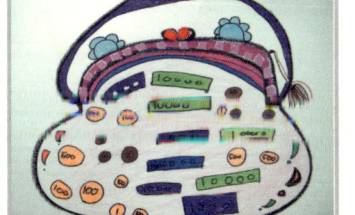

3
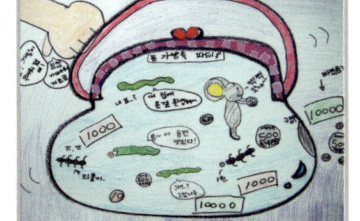

4

19. 항아리가 깨졌어요.

 **앞장 그림을 보고 아래 질문들을 아이에게 물어보세요.**

하나: 그림을 어떻게 완성하고 싶어요?
둘: 내가 항아리라면 기분이 어떨까요?

 **새콤 친구들, 알록달록 그림을 이야기해 봐요!**

1. 돌멩이, 개미, 참새, 별, 나비, 병아리, 뱀 얼굴, 새싹, 곰, 구름 등이 있어요.
2. 작은 물고기, 지네, 토끼, 참새, 해님, 연못, 강아지, 나무 세그루 등의 그림이 보여요.
3. 기사, 기찻길, 구름, 웃는 해, 토끼, 홍당무, 개미떼, 강아지, 물고기 등이 있어요.
4. 입을 벌리고 술 마시는 사람, 군인, 말, 구름, 해, 술이라고 쓰여있는 글씨, 술 병 등이 보여요.

 **달콤 선생님, 알록달록 우리 그림 좋아요?**

1. 새들의 도움으로 깨진 항아리가 예쁘게 만들어졌어요. 모두가 한 마음으로 도와주고 있는 것이 눈에 보입니다. 더불어 살면 아름답다는 것을 아는 친구입니다.
2. 깨진 항아리는 없다는 그림 이네요. 가끔 심술꾸러기 바람이 방해는 하지만 평온하고 행복한 모습이 담겨 있습니다.
3. 신나게 놀고 싶어하는 표현입니다. 답답한 하루의 생활을 속 시원하게 보여주고 있네요. 다시 오지 않을 학교 생활에 충실하길 바랍니다.
4. 큰 입속에 깨진 항아리 밑동이가 그려져 있네요. 빨리 어른이 되고 싶은 표현이네요. 어른이 되면 더 신나고 멋진 일이 많답니다. 꼭! 최고의 남자가 되세요.

🍎 **새콤달콤 미술치료 포인트!**

색채 심리분석의 효과 10
하늘색은 친구들과 잘 어울리지 못하고 가정에 여성이 많은 경우 이 색을 사용하지요. 또 내성적이면서도 몸이 약한 어린이들이 이 색을 자주 사용합니다.

1

2

3

4

20. 어디로 가는 자동차 인가요.

 앞장 그림을 보고 아래질문들을 아이에게 물어보세요.

하나: 자동차를 타고 갈까요? 따라갈까요?

둘: 자동차가 어디로 가면 좋을까요?

 새콤 친구들, 알록달록 그림을 이야기해 봐요!

1. 강아지 얼굴의 자전거, 텃밭, 고양이 얼굴의 자동차, 꽃과 나비, 새싹 등의 그림이 있어요.
2. 벚꽃나무, 귀여운 차, 개미, 사슴가면의 친구, 물개, 도시락, 1등한 참새 등이 보여요.
3. 토끼, 춤추는 생쥐, 춤추는 여자 친구, 노란기차, 맛있는 사과와 나무 등이 있어요.
4. 머디 시간이 된 기차, 시내물, 물고기, 요정, 병아리 나비, 나무, 멀리보이는 산 등의 그림이 보여요.

 달콤 선생님, 알록달록 우리 그림 좋아요?

1. 주말 농장에 다녀와서 그린 것 같아 보이네요. 우리 모두 대자연의 고마움과 동물을 사랑하는 마음을 잊어선 안됩니다.
2. 즐거운 벚꽃 축제가 열리고 있네요. 행복하고 경쾌한 그림입니다. 숲속 동물들도 여럿이 있는 모습이 화목하고 따뜻하게 느껴집니다. 예쁜 모습이네요.
3. 맛나는 것 많이 싸 가지고 기차타고 멀리 놀러 가고 싶어하는 친구의 모습입니다. 놀때는 신나게 놀고 공부할 때는 아주 열심히 하길 바랍니다.
4. 성격도 좋아 보이고 사회성이 좋은 친구인 것 같아요. 내가 좋은 사람이어야 좋은 친구가 많이 생긴답니다.

 새콤달콤 미술치료 포인트!

인물화의 상징과 해석 1

머리 그림이 강조되면 매우 공격적이고 지적인 야심이 있지요. 때로는 머리 부분에 신체적 고통과 관련이 있기도 합니다. 머리와 얼굴이 희미하면 강한 수줍음을 나타내고 머리가 맨 나중에 그려지는 경우에는 대인관계에 문제가 있기도 하지요.

1

2

3

4

리. 멋지게 바꾸어 줄게요.

 앞장 그림을 보고 아래질문들을 아이에게 물어보세요.

하나: 나무들의 모습이 어떻게 보이나요?
둘: 나는 이 그림중에 어느 나무일까요?

 **새콤** 친구들, 알록달록 그림을 이야기해 봐요!

1. 옷걸이, 걸어 놓은 옷들, 음식들, 해, 꽃, 프라이팬, 라면, 통닭 등의 그림이 보여요.
2. 바람돌기, 꽃, 벌, 해님, 나비, 작고 많은 열매, 떨어지는 꽃들, 구름 등이 있어요.
3. 크고 잎이 풍성한 나무들, 안경 쓴 해님, 장수하늘소, 잔잔한 풀밭 등이 보여요.
4. 작은 나뭇잎들, 두가지색의 나무 기둥, 녈어신 나뭇잎 등이 있어요.

 **달콤** 선생님, 알록달록 우리 그림 좋아요?

1. 친구의 그림에는 나무가 살아있지 않네요. 검은 나무는 옷걸이로, 나머지 나무는 벽지로 꾸며 놓았네요. 빠른 판단력으로 손해도 보고 이익도 볼 수가 있지요. 해가 밝아서 예쁩니다.
2. 열매도 많고 나뭇잎도 많이 그렸네요. 세 그루의 나무는 생명을 얻었어요. 친구들도 많고, 아주 행복한 숲속의 그림입니다.
3. 큰 사람이 될 겁니다. 여유도 있고 책임감도 있는 그림입니다. 열매도, 잎도, 선명하게 그렸네요. 나무의 모습을 조금 뚜렷하게 해주어도 좋았을 텐데요.
4. 몸도 마음도 건강한 친구인 것 같아요. 늘 지금처럼 서로를 아껴주고 진심을 주는 모습으로 자라세요. 참 예쁩니다.

새콤달콤 미술치료 포인트!

인물화의 상징과 해석 2
머리카락은 성적 생동력에 대한 추구를 나타냅니다. 또 머리카락이 지나치게 강조되면 성적 부족감의 표현이기도 합니다.

1

2

3

4

22. 새집에 새가 없어요.

앞장 그림을 보고 아래 질문들을 아이에게 물어보세요.

하나: 새집에 어떤 새들이 살고 있을까요?
둘: 새집이 안전해 보이나요?

새콤 친구들, 알록달록 그림을 이야기해 봐요!

1. 예쁜 새집 2개. 떨어지는 나뭇잎, 반쪽 새집, 거미줄, 4마리 참새 등이 있어요.
2. 부엉이, 새집, 새알, 바람돌기, 거미, 물고기, 나뭇잎, 바빠 보이는 참새, 참새 등이 보여요.
3. 새집에 아기새와 넙바새, 쌀풍, 사슴벌레, 마람쇠, 장못 하늘쇠 등의 그림이 있어요.
4. 커다란 벌집, 여왕벌, 공주새집, 먹이를 물고가는 참새 몽이 있어요.

달콤 선생님, 알록달록 우리 그림 좋아요?

1. 새집이 예쁘고 튼튼해 보이네요. 문이 꼭꼭 닫혀있는 집들은 재미없어요. 문도 열리고 그 안에 새가 노래하고 새알과 친구들도 그려 넣어주면 좀더 신나 보일 텐데요.
2. 그림의 표현이 정신없고 어수선해 보이지만 생동감이 있고 활동적인 면도 보입니다. '색칠을 했다면 좀더 멋있었을텐데' 아쉽네요.
3. 그림 그릴 줄을 모르는 친구인 것 뿐입니다. 그림의 내용은 재미있고 참 즐겁습니다.
4. 벌집이 참으로 큽니다. 꿀을 좋아할 수도 있고 벌에 크게 놀란적도 있을 것 같은데요. 어떤일이 생기든지 경험하는 것은 자기에게 큰 재산이 됩니다.

새콤달콤 미술치료 포인트!

인물화의 상징과 해석 3

눈은 의사소통의 수단이지요. 하지만 눈동자가 생략되었다면 자아중심적, 자아도취적 경향으로 해석됩니다. 눈이 크고 강조되어 있고 응시하는 모습일 때는 대체로 망상을 지니고 있는 경우이며 눈을 감고 있다면 현실 접촉의 회피, 정신병적 상태를 나타내기도 합니다. 흔히 정신분열증 장애는 눈을 감고 있는 모습의 인물을 그리기도 하지요.

1

2

3

4

23. 예쁜 화분이 있네요.

 앞장 그림을 보고 아래질문들을 아이에게 물어보세요.

하나: 화분 안에 어떤 씨를 심을까요?
둘: 화분에 심은 꽃나무가 커지면 어떻하나요?

 **새콤** 친구들, 알록달록 그림을 이야기해 봐요!

1. 우산, 새싹, 꽃, 빗줄기, 집, 색칠한 예쁜 화분 등이 있어요.
2. 가지가 많은 나무, 화분보다 큰 나무, 열매, 가지, 개구리 등이 보여요.
3. 새싹과 큰 잎, 힘없는 줄기, 노란 튤립, 초록 새싹, 화려한 화분 등의 그림이 있어요.
4. 열매, 둥근나무, 나무옹이, 보라색 구름, 체크 무늬 화분, 시들어 버린 꽃 등이 보여요.

 **달콤** 선생님, 알록달록 우리 그림 좋아요?

1. 우산이 있어서 꽃이 비에 젖진 않겠네요. 새싹은 비를 맞고 커야합니다. 빨리 키가 크고 싶어하는 성장기 어린이들에게서 많이 나타나는 그림입니다.
2. 사춘기 소녀의 그림이군요. 걱정도 많고 호기심도 많은 학생들이 부담스러운 것을 표현한 그림입니다. 누구나 걱정이 있지만, 노력하면 이룰 수 있어요.
3. 꽃잎이 떨어져 있고 줄기에 힘이 없지요. 자신감이 없지만 깨끗하고 순수한 예쁜 꽃들의 모습입니다(도움반 친구의 예쁜 그림입니다).
4. 누군가를 의지하고 있는 아이같은 그림입니다. 아픈 자신의 모습이 그림으로 나타납니다. 우리 함께 친구에게 사랑과 용기를 보냅시다(도움반 친구의 그림입니다).

 **새콤달콤** 미술치료 포인트!

인물화의 상징과 해석 4

코는 성기의 상징이며 성적 무력감이 있을 때 코가 흔히 강조되어 있습니다.
귀는 크기와 모양이 중요하며 망상과 깊은 연관이 있습니다.
목은 충동과 통제를 상징하는 부분이며, 가늘고 긴 목은 충동, 통제의 어려움을 나타내기도 하지요.

1

2

3

4

24. 혼자서 앉아 있는 새가 있어요.

앞장 그림을 보고 아래 질문들을 아이에게 물어보세요.

하나: 나뭇가지에 무엇을 그려볼까요?
둘: 도대체 이 나무에서 무슨 일이 생긴 것일까요?

새콤 친구들, 알록달록 그림을 이야기해 봐요!

1. 뱀, 해님, 참새, 거미, 나비, 벌, 꽃, 벌레, 지렁이, 곤충 등의 그림이 보여요.
2. 칩새, 아기참새, 새집, 파일디미, 풍성한 나뭇잎, 구름, 산 등이 있어요.
3. 소녀의 뒷모습, 새집, 이끼새, 새비, 나비, 가새, 해 눈비 그림이 보여요.
4. 꽃 봉우리, 참새, 나뭇잎, 짙은 나무 껍질, 앉아 있는 새 등이 있어요.

달콤 선생님, 알록달록 우리 그림 좋아요?

1. 매우 건강하고 많이 활동적이며 이야기를 좋아하는 친구 같아요. 그림의 모습들이 모두 즐겁게 서로 잘 어울리고 있네요. 예쁜 그림입니다.
2. 우리 친구는 매우 활동적이며 부지런한 사람같아요. 근면하고 성실하면 더욱더 훌륭한 어린이로 성장하지요.
3. 씩씩한 어린이의 겁 없는 모습이 나타납니다. 우리 친구는 혹시 꿈에 대장이 되는 건가요. 대담한 성격은 용기가 있어서 좋지만 지나치면 부모님이 걱정하시지요.
4. 늘 갖고 싶은 것을 다 갖는다고 행복하진 않아요. 시작하고 마무리하면서 기다릴 줄 아는 자세가 바로 진짜 행복입니다.

새콤달콤 미술치료 포인트!

인물화의 상징과 해석 5

턱은 힘과 주도권에 대한 사회적, 보편적 상징이지요. 자아상의 인물에서 턱이 강조되면 강한 욕구, 공격적 경향, 무력감에 대한 보상적 강조와 관계가 있습니다.

팔과 **다리**는 지나친 관심이 있으며 다른 부분보다 먼저 그려지면 실망, 우울과 관련이 있지요.

1

2

3

4

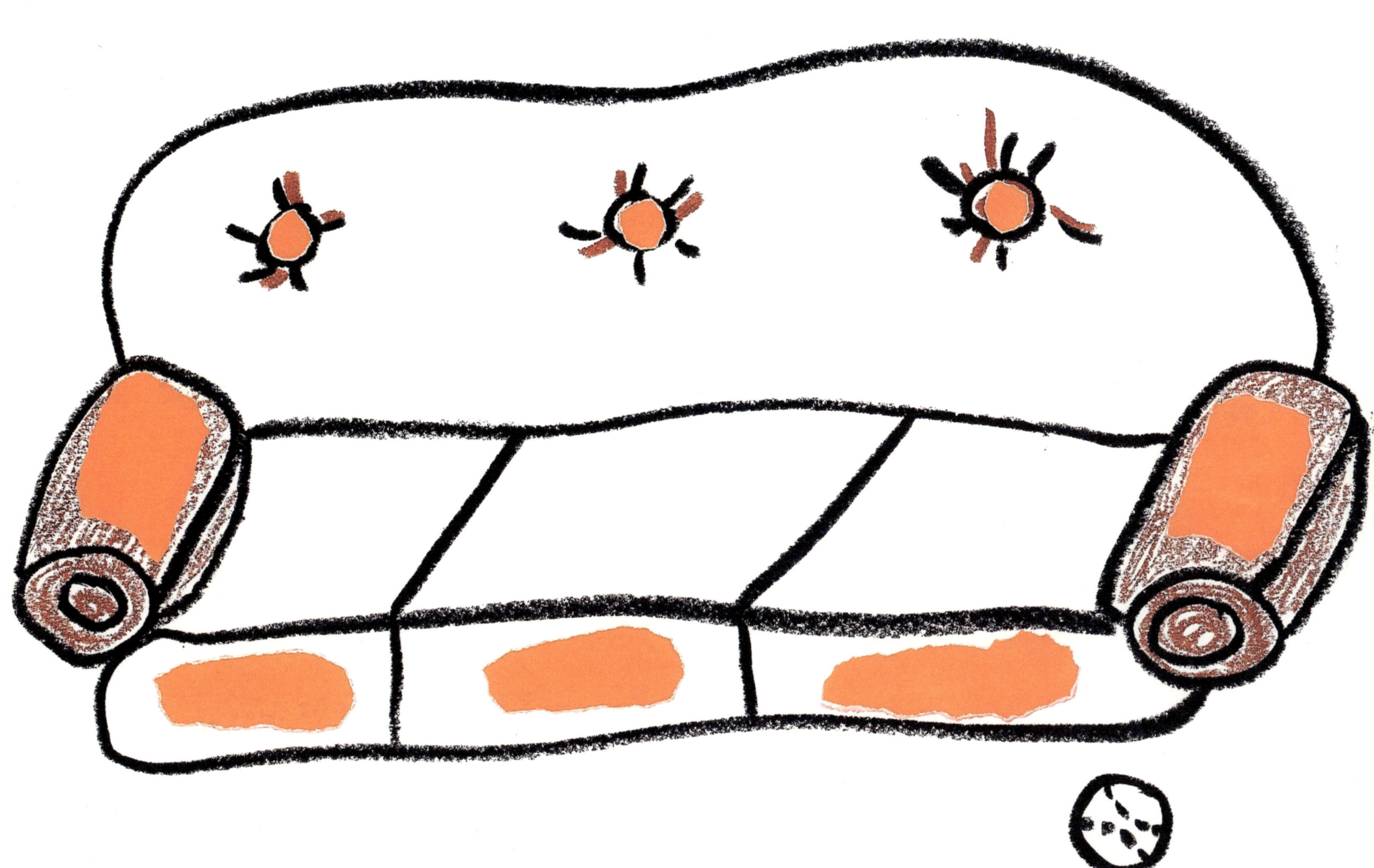

25. 커다란 소파에 앉고 싶다.

 앞장 그림을 보고 아래 질문들을 아이에게 물어보세요.

하나: 소파를 어디에 두고 싶나요?
둘: 소파에 앉고 싶나요?

새콤 친구들, 알록달록 그림을 이야기해 봐요!

1. 야구공, 강아지, 야구 방망이, 창문 등이 있어요.
2. 춤추는 여자 아이, 구스컵, 우유병, 식빵, 빙망이 등이 보여요.
3. 고양이, 집, 방석, 리모컨, 장난감 등의 그림이 보여요.
4. 꽃 액자, 사진액자, 하트 구선, 곰인형, 소파에 무늬 등이 있이요.

달콤 선생님, 알록달록 우리 그림 좋아요?

1. 강아지들과 야구하는 친구가 있어요. 가끔 내가 되고 싶은 동물을 그려서 나를 만들기도 하지요. 대리 만족을 하기에는 적절한 표현입니다.
2. 즐겁게 춤추는 여자 친구는 날씬해서 더욱 멋있어 보입니다. 할 일을 다하지 않고 놀기만 하면 나중에 슬픈 일이 마구 생기지요.
3. 포근한 소파의 색칠과 장난감이 바닥에 많이 있네요. 동생을 사랑하는 자상한 언니의 모습이 보입니다.
4. 정리정돈을 잘하는 깔끔한 여자 친구의 모습입니다. 둥근선을 많이 쓰면 정서적인 면에서 도움이 되기도 한답니다.

새콤달콤 미술치료 포인트!

인물화의 상징과 해석 6

손을 그리지 않으면 죄책감을 엿볼 수 있고, 손이 강조되어 있다면 현실과 접촉하려고 더욱 노력한다는 의미지요. 팔의 방향이 신체에 가깝게 그려져 있다면 수동적, 방어적이며, 반대로 팔의 방향이 외부로 향해 있다면 공격적 성격으로 표현됩니다. 손톱이 자세히 그려져 있으면 강박적 경향과 신체상의 문제가 있을 수도 있지요.

1

2
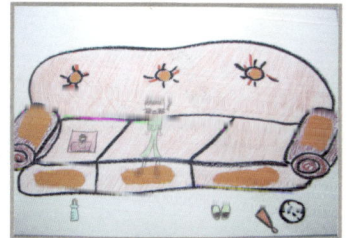

3

4

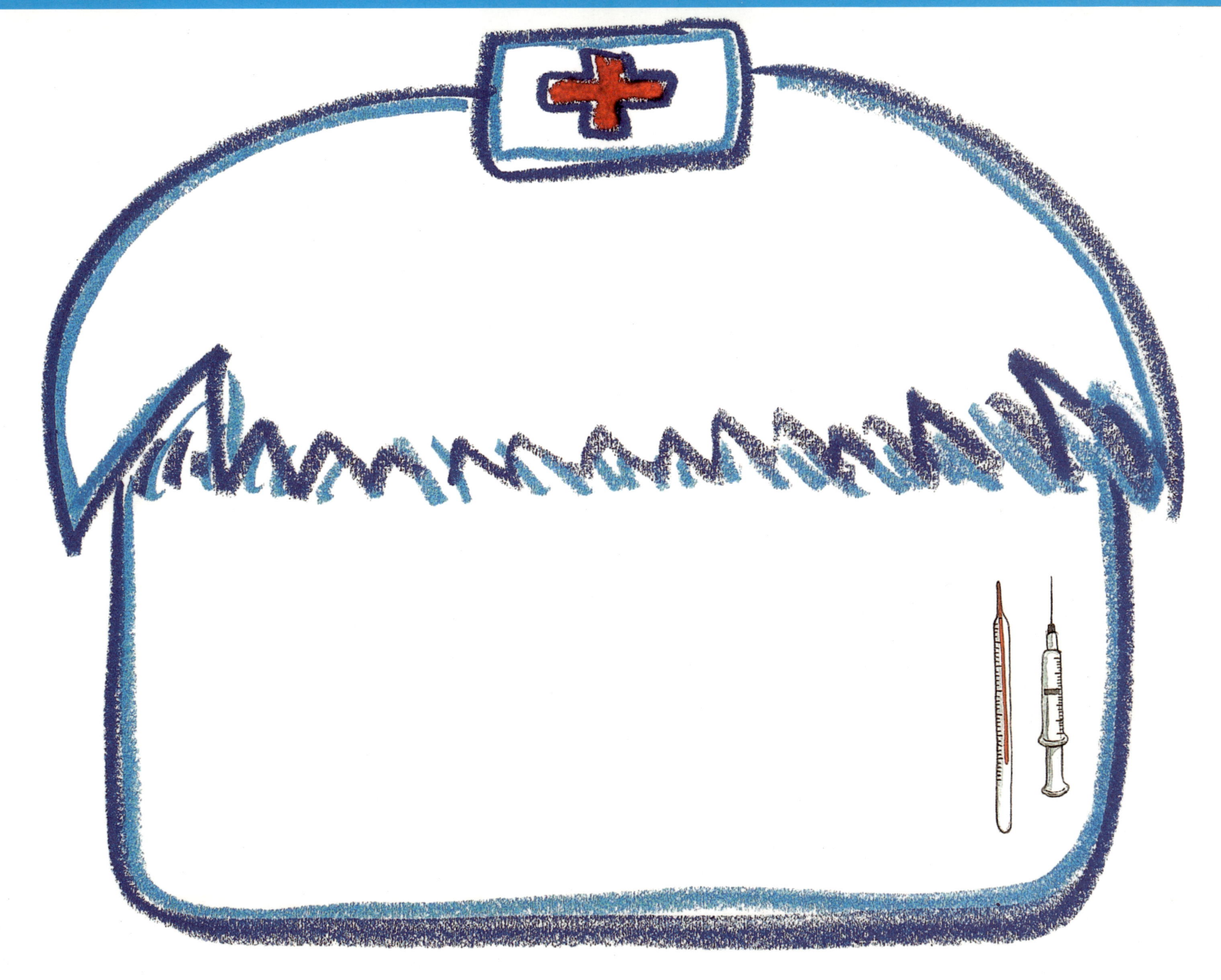

26. 주사는 아파요.

앞장 그림을 보고 아래 질문들을 아이에게 물어보세요.

하나: 병원에는 언제 가 보았어요?
둘: 집안에 아픈 사람이 계시나요?

새콤 친구들, 알록달록 그림을 이야기해 봐요!

1. 싹나요 병원 이름표, 수술가위, 침대, 메스, 체중계, 가운, 청진기, 약품 등이 보여요.
2. 권수 병원 이름, 병실, 나무, 새싹, 병원차, 병실 모습, 병원 창문 등 그림이 보여요.
3. 임산부 병원 이름, 임신부, 창문, 여러개의 주사, 한국병원, 침대 등이 있어요.
4. 동수원 병원 이름, 청진기, 주사, 기린의사, 토끼간호사, 침실, 고양이, 생쥐 등이 있어요.

달콤 선생님, 알록달록 우리 그림 좋아요?

1. '병원은 고마운 곳으로 생각하며 우리를 행복하게 해주는 곳입니다' 라고 그림에 표현되어 있네요.
2. 이 그림에선 희망이 보이네요. 우리에겐 꼭 필요합니다. 아파도 희망을 잃으면 안됩니다. 항상 식사를 꼭 꼭 잘 챙겨 먹어야 합니다.
3. 웃으면서 누워있는 산모의 예쁜 미소는 세상에서 가장 아름다운 미소입니다. 최고의 모습이며 고귀한 그림입니다.
4. 예쁜 병원안에서 착한 기린의사와 예쁜 토끼간호사의 친절한 모습이 보이네요. 모두가 건강하길 바라는 그림이네요.

새콤달콤 미술치료 포인트!

인물화의 상징과 해석 7

단추는 의존적, 유아적 열등감을 느끼는 성격을 나타냅니다. 흔히 그려지는 주머니 중에 특히 가슴 부분에 붙은 주머니는 애정결핍을 상징하며 유아적이고 의존적인 성격을 나타내기도 하지요.

1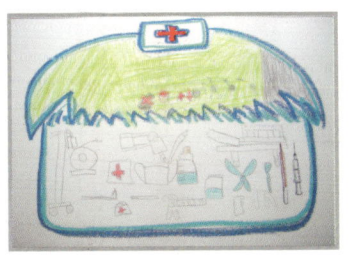

2

3

4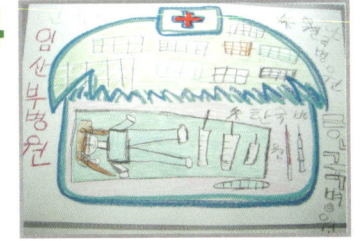

27. 큰 그물인가요.

앞장 그림을 보고 아래질문들을 아이에게 물어보세요.

하나: 빈칸을 어떻게 채우고 싶어요?
둘: 그물속에 무엇이 있나요?

새콤 친구들, 알록달록 그림을 이야기해 봐요!

1. 사과나무, 총, 물고기, 집, 빵, 동그란 도넛, 오징어 등이 있어요.
2. 나비, 집, 우산, 새, 오징어, 곰, 참새, 집, 친구, 꽃 등이 보여요.
3. 가방, 야구공, 꽃, 강아지, 우리집, 책, 서북이 등이 보여요.
4. 물고기, 안경, 해, 글씨, 꽃, 구름 등이 있어요.

달콤 선생님, 알록달록 우리 그림 좋아요?

1. 칸칸에 그려 놓은 그림들이 참 재미있네요. 남자 친구다운 그림입니다. 표현이 씩씩합니다.
2. 큰 그물안에 여러 가지가 담겨있네요. 즐겁고 평온합니다. 예쁜 그림입니다.
3. 그림과 글씨를 함께 넣어 그렸네요. 축구를 좋아하며 활동적인 친구인 것 같아요(도움반 친구의 그림입니다).
4. 칸칸에 정성스럽게 그림을 그렸네요. 언제나 성실한 모습은 아름다운 사람을 만드는 지름길이지요(도움반 친구의 그림입니다).

새콤달콤 미술치료 포인트!

가족화의 상징과 해석 1

빗자루와 **먼지털이**는 하나의 무기 또는 권력의 상징물로 생각해 볼 수 있습니다. 이런 것들은 자신의 지배 영역을 확장하거나 영역의 표시를 나타내기도 하지요.
이와 같은 그림은 공격성과 경쟁심의 상징으로도 해석됩니다.

1

2

3

4

28. 제과점에는 어떤 빵이 있나요.

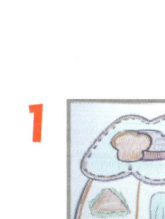

앞장 그림을 보고 아래질문들을 아이에게 물어보세요.

하나: 제과점에 가 보았나요?
둘: 어떤 빵을 만들어 보고 싶어요.

새콤 친구들, 알록달록 그림을 이야기해 봐요!

1. 샌드위치, 아이스크림, 조개빵, 팥빵, 식빵, 케이크 등이 있어요.
2. 초콜릿, 샌드위치, 옥수수빵, 케이크, 식빵, 과자 등이 보여요.
3. 여러 가지의 빵, 우유 빵, 케이크 등이 있어요.
4. 초코 케이크, 딸기 쉐이크, 식뺑, 꽈배기 등이 보여요.

달콤 선생님, 알록달록 우리 그림 좋아요?

1. 정말 맛있는 빵만 모였네요. 음식은 남기면 안되는 것 알고 있지요. 그림이 예쁩니다.
2. 그림에 '저는 함께 나누어 먹어요' 라고 써 있네요. 나누면 기쁨은 두배가 되지요.
3. 빵도 있고 햄버거도 있네요. 음식은 보관을 잘해야 합니다. 잘못 먹으면 배탈이 나지요. 우유는 꼭 냉장실에 넣어야 합니다.
4. 모든 빵에 초콜릿이 묻혀있네요. 꼭 양치질을 하고 자야합니다. 치아가 상하면 엄청나게 아프지요.

새콤달콤 미술치료 포인트!

가족화의 상징과 해석 2

전등이나 **빛**은 정상 아동의 그림에서도 많이 나타나는 상징물로 빛의 정도, 조명의 크기 등으로 그 의미가 많이 달라집니다. 적당한 빛과 크기로 그려졌다면 애정, 조절, 희망적인 의미가 되겠지만 너무 강렬하거나 조명기구가 지나치게 크다면 이는 공격성, 파괴성을 나타내기도 합니다.

1

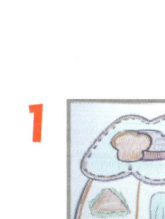

2

3

4

60

29. 꽃이 피었네요.

 앞장 그림을 보고 아래질문들을 아이에게 물어보세요.

하나: 연꽃이 피어나는 곳이 어디인지 알고 있나요?
둘: 그림의 꽃을 만져본 적이 있나요?

 **새콤** 친구들, 알록달록 그림을 이야기해 봐요!

1. 꼬마 요정들, 심술 요정, 나비 요정 등이 보여요.
2. 현대판 심청이, 꽃 빛, 구름, 해 등이 있어요.
3. 연꽃, 연잎, 개구리, 올챙이, 물결 등이 보여요.
4. 나비, 벌, 꽃씨, 잠자리, 구름, 연잎 등의 그림이 있어요.

 **달콤** 선생님, 알록달록 우리 그림 좋아요?

1. 그림이 참 예쁘네요. 동화책을 많이 읽는 것도 중요하지만 자신의 창의성을 개발하는 것도 참 좋답니다.
2. 현대판 심청전인 것 같네요. 크게 웃는 모습이 예쁘네요. 환하게 웃으면 늘 행운이 따르지요.
3. 연꽃을 바라보고 있는 듯이 평온한 그림이네요. 연꽃 밭에 가면 정말 아름답지요.
4. 우리나라에는 어떤 종류의 연꽃이 있는지 한가지씩 알아보면 참 즐겁고 재미있지요.

새콤달콤 미술치료 포인트!

가족화의 상징과 해석 3
칼, 총 등 날카로운 물체 또는 폭발물이나 불의 의미는 적개심, 거부감을 의미합니다. 이런 상징물이 많이 나타나는 어린이들은 공격적인 성향이 강하다고 볼 수 있지요.

1

2

3

4

30. 풍선 타고 멀리 가볼까요.

 앞장 그림을 보고 아래질문들을 아이에게 물어보세요.

하나: 큰 풍선을 타 본적이 있어요?
둘: 어디론가 멀리 떠나가 보고 싶을 때도 있나요?

 새콤 친구들, 알록달록 그림을 이야기해 봐요!

1. 기린, 집, 개미, 당근, 토끼, 여자 친구, 토끼 풍선, 날개 달린 야옹이 등이 보여요.
2. 여러 그루의 사과나무, 꽃나무, 뱀, 나비, 해 등의 그림이 보여요.
3. 꿈꿈자는 곰, 뾰족한 침을 가진 벌, 동글동글 풀밭 모양, 화가난 해 등이 모여요.
4. 로켓, 사슴벌레, 나무, 우주선, 구름, 싸우는 곤충 등이 있어요

 달콤 선생님, 알록달록 우리 그림 좋아요?

1. 잔잔한 풀밭을 지나 행복한 동물 나라로 가는 길 인가요. 모두가 '난 정말 행복해요' 라고 말하고 있는 듯 합니다.
2. 누군가를 의지하지 않고 스스로 해결해 나가는 자립심은 어른이 되어서도 굉장한 힘이 된답니다.
3. 가끔은 싫어도 해야하는 것 들이 있답니다. 어린 시절에는 인내심을 기르면서 행복한 미래를 위해서는 참고 이겨내야 하는 법을 배우고 익혀야 합니다.
4. 싸우는 것이 의리있고 씩씩해 보이기도 하지만 잘 타협하고 잘 화해하는 좋은 방법이 더 지혜로울 수 있답니다.

 새콤달콤 미술치료 포인트!

가족화의 상징과 해석 4

자전거를 제외한 오토바이, 차, 기차, 비행기 등은 의존적 요소에 의한 힘의 과시로 상징됩니다. 또 물과 관계되는 모든 것이나 빛, 바다, 호수, 강 등은 우울한 감정과 억울함을 나타내기도 하지요.

1

2

3

4